Chère Mamie,

Ton histoire a beaucoup de valeur pour moi et j'aimerais la garder précieusement pour la transmettre.

Tu trouveras, dans ce livre, des questions sur ta vie auxquelles tu répondras ou pas. Écris ce que tu as envie d'écrire, c'est ton histoire. Si tu le veux, tu pourras y ajouter des photos et même une recette !

Prends tout le temps dont tu as besoin pour compléter ce livre. Quand tu auras fini, tu pourras me le rendre.

....
....
....
....
....

....

Requête Spéciale

Chers Clients,

Merci de votre confiance.

Je publie mes livres de façon indépendante.
Si vous aimez ce journal, n'hésitez pas à me laisser un commentaire sur Amazon. Je lis chacun de vos commentaires avec attention : ils sont cruciaux pour soutenir mon travail et me permettre de vous proposer de nouveaux contenus de qualité.

J'espère que ce journal vous plaira autant que j'ai pris plaisir à le concevoir !

Scannez ce QR code pour
laisser votre commentaire :

D'avance, un grand merci !
Lise

©2021 – Lise Collin

Tous droits réservés

Le code de la propriété intellectuelle interdit les copies ou reproductions destinées à une utilisation collective. Toute représentation ou reproduction intégrale ou partielle faite par quelque procédé que ce soit, sans le consentement de l'auteur ou de ses ayants droits, est illicite et constitue une contrefaçon par les articles L.335-2 et suivants du code de la propriété intellectuelle.

Sommaire

Page 4 - Ton arbre généalogique

Page 5 - Parlons de Toi Mamie

Page 6 à 20 - Ton enfance

Page 21 à 24 - Ton adolescence

Page 25 à 32 - Ta vie d'adulte

Page 33 à 39 - Ta vie de Maman

Page 40 à 45 - Ta vie de Grand-Mère

Page 46 à 67 - Ta vie toute entière

Page 68 à 71 - Je voulais te dire ...

Page 72 à 75 - Un peu de place pour ce que tu voudras ajouter

Page 76 à 78 - Ta vie en photos

Ton arbre généalogique

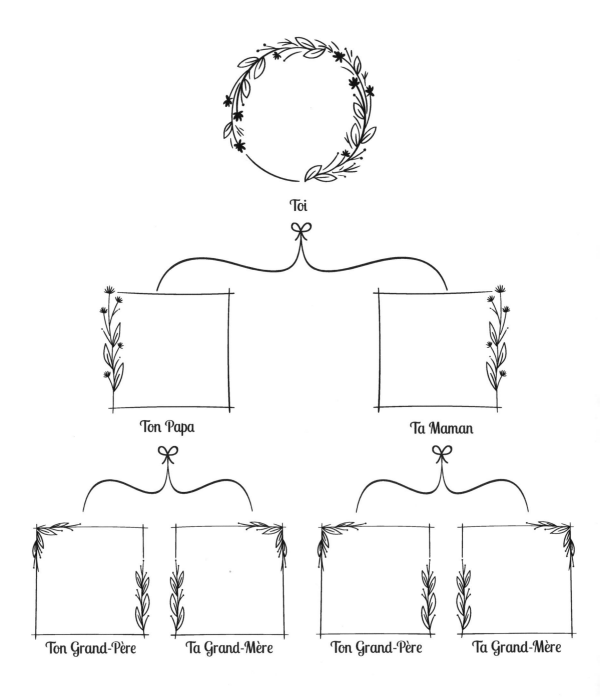

Parlons de Toi Mamie

Colle une photo de toi

Tu t'appelles ....

Tu es née le .... à ....

Tu as .... enfants, ... petits-enfants et .... arrière-petits-enfants.

Ton enfance

Parle-moi de tes parents : d'où venaient-ils, comment s'étaient-ils rencontrés, que faisaient-ils comme métier, comment étaient-ils ?

Ta maman :

Ton papa :

....
....
....
....
....
....
....
....
....
....
....
....
....
....
....
....
....
....
....
....

Quels sont tes plus beaux souvenirs avec eux ?

....
....
....
....
....
....
....
....
....
....

Tu avais des frères et sœurs ?

....
....
....

Tu t'entendais bien avec eux/elles ? A quoi jouiez-vous ?

....
....
....
....
....

As-tu connu tes grands-parents ? Comment étaient-ils ?

....
....
....
....
....
....
....
....
....
....
....

Ils vivaient près de chez vous ?

....
....
....
....
....

Est-ce qu'ils te gardaient ?

....
....
....
....
....

Souvenirs de famille (photos ou anecdote)

Où habitiez-vous ?

....
....
....
....
....

Comment était ta maison ?

....
....
....
....
....
....
....
....
....
....
....
....

Et ta chambre ?

....
....
....
....
....

Tu étais une enfant sage ou turbulente ?

....
....
....
....
....
....

Tu te faisais souvent gronder chez toi ? Quelles étaient tes punitions ?

....
....
....
....
....
....

Qu'est-ce que tu avais comme jouets ? Avais-tu un doudou ?

....
....
....
....
....
....
....
....
....

Et ton école, comment était-elle ?

....
....
....
....
....
....

Tu y allais comment ? (à pieds, à vélo ...)

....
....
....
....
....

Te souviens-tu de tes maîtres/maîtresses ? Y en a-t-il un/une qui t'a particulièrement marqué(e) ?

....
....
....
....
....
....
....
....
....

Tu travaillais bien ou tu avais des difficultés ?

....
....
....
....
....
....
....

Quelle était ta matière préférée ?

....
....
....

Tu avais beaucoup de copines ? Ta meilleure amie s'appelait comment ? Tu la vois encore ?

....
....
....
....
....
....
....
....
....

A quoi jouiez-vous dans la cour de récréation ?

....
....
....
....
....
....
....
....
....

Quelles étaient les punitions à l'école ?

....
....
....
....
....
....
....
....
....

Quand tu étais petite, tu rêvais de faire quel métier ?

....
....
....
....

En dehors de l'école, faisais-tu une activité ou pratiquais-tu un sport ?

....
....
....
....
....
....

Est-ce que tu cuisinais avec ta maman ? Si oui, te souviens-tu d'une recette de famille (tu as de la place sur la page suivante pour l'écrire) ?

....
....
....
....
....
....

Vous faisiez une fête, tous les ans, pour ton anniversaire ? T'en souviens-tu d'un en particulier ?

....
....
....
....
....
....
....
....

Recette de famille

Et à Noël, que faisiez-vous ? Y en a-t-il un qui t'a particulièrement marqué ?

....
....
....
....
....
....
....
....
....
....
....
....
....
....
....
....
....

Quel est le plus beau cadeau que tu as reçu ? C'était à quelle occasion ?

....
....
....
....
....
....
....

Est-ce que vous partiez en vacances ? Si oui, quel est ton plus beau souvenir ?

....
....
....
....
....
....
....
....
....
....
....
....

Que faisais-tu pendant les grandes vacances ?

....
....
....
....
....
....
....
....

Souvenirs de famille (photos ou anecdote)

Ton adolescence

Comment s'est passée ton adolescence ?

....
....
....
....
....
....
....
....
....
....
....
....

Qu'est-ce que tu écoutais comme musique ?

....
....
....
....
....
....
....
....
....

Comment était la mode ? Comment tu t'habillais ?

....
....
....
....
....
....
....
....
....
....

Qu'est-ce que tu aimais faire pendant tes temps libres ?

....
....
....
....
....
....
....
....

Est-ce que tu allais au cinéma ? Au théâtre ? A des concerts ?

....
....
....
....
....

Qu'as-tu fait comme études ?

....
....
....
....
....
....
....
....
....
....

C'est toi qui les as choisies ou on te les a imposées ?

....
....
....
....
....
....
....
....
....
....
....

Souvenirs de ton adolescence (photos ou anecdote)

Ta vie d'adulte

Tu as commencé à travailler à quel âge ?

....
....
....

Tu faisais quoi ?

....
....
....
....
....
....
....
....

Tu allais comment à ton travail ? C'était loin ?

....
....
....
....

Tu vivais encore chez tes parents ?

....
....
....

A quel âge as-tu connu Papy ?

....
....
....
....
....

Comment vous-êtes-vous rencontrés ?

....
....
....
....
....
....
....
....
....
....
....
....
....
....
....
....
....

Il était ton premier amoureux ?

....
....
....
....
....
....
....
....
....

Qu'est-ce qui t'a plu chez lui ?

....
....
....
....
....
....
....
....
....
....
....
....
....

Comment a-t-il fait sa demande en mariage ?

Et comment votre entourage a réagi ?

Raconte-moi votre mariage !

Photos de ton mariage

Vous êtes partis en voyage de noces ?

Quand avez-vous emménagé ensemble ? Comment était votre premier chez-vous ?

Vous aviez des loisirs ? Vous voyagiez ?

....
....
....
....
....
....
....
....
....
....
....
....

Quel est ton plus beau souvenir de cette période avec Papy ?

....
....
....
....
....
....
....
....
....

Ta vie de Maman

A quel âge es-tu devenue maman pour la première fois ?

....
....
....

Comment as-tu réagi quand tu as su que tu étais enceinte ?

....
....
....
....
....
....

Qu'est-ce qui a le plus changé dans ta vie le jour où tu es devenue maman ?

....
....
....
....
....
....
....
....
....

As-tu élevé ton / tes enfants différemment de la façon dont tes parents t'ont élevée ?

....
....
....
....
....
....
....
....
....
....

Dans ta vie de maman, de quoi es-tu particulièrement fière ?

....
....
....
....
....
....
....
....
....
....
....

Comment s'est passée la naissance de ma maman / mon papa ? Papy était présent à l'accouchement ?

....
....
....
....
....
....
....
....
....
....

Comment se sont passées les premières années ? Tu travaillais ou tu étais à la maison pour t'occuper de maman / papa ?

....
....
....
....
....
....
....
....
....

Quel bébé était-elle / il ? Est-ce qu'elle / il pleurait beaucoup ?

....
....
....
....
....
....
....

Te souviens-tu d'une chanson que tu lui chantais ou d'une histoire que tu lui racontais ?

....
....
....
....
....
....
....

Quel était son plat préféré ?

....
....
....
....
....
....
....
....

Te rappelles-tu de son premier jour d'école ? Ça a été difficile ?

....
....
....
....
....
....
....
....
....
....
....

Partiez-vous en vacances en famille ? Te rappelles-tu de vacances en particulier ?

....
....
....
....
....
....
....
....
....
....
....

Souvenirs avec Maman / Papa (photos ou anecdote)

Comment était ma mère / mon père à l'adolescence ?

....
....
....
....
....
....
....
....
....
....

Quand vous a-t-elle / il présenté mon père / ma mère pour la première fois ? Comment avez-vous réagi toi et Papy ?

....
....
....
....
....
....
....
....
....
....

Ta vie de Grand-Mère

A quel âge es-tu devenue grand-mère pour la première fois ?
....
....
....

Ça t'a fait quoi ?
....
....
....
....
....
....
....

Est-ce que tu fais avec moi les mêmes activités qu'avec Maman / Papa ?
....
....
....
....
....
....
....

Qu'est-ce que tu préfères quand tu es avec moi ?

....
....
....
....
....
....
....
....
....
....
....

Y-a-t-il des choses que tu interdisais à Maman / Papa de faire et que moi j'ai le droit de faire ?

....
....
....
....
....
....
....
....
....
....

Quels sont tes plus beaux souvenirs avec moi ?

....
....
....
....
....
....
....
....
....
....
....

Est-ce qu'il y a encore des choses que tu aimerais faire avec moi ?

....
....
....
....
....
....
....
....
....
....
....

Tu m'aimes grand comment ?

Souvenirs avec Moi (photos ou anecdote)

Ta vie toute entière

Quels sont tes plus beaux moments ?

....
....
....
....
....
....
....
....
....
....
....
....
....
....
....
....
....
....
....
....
....
....

Les plus belles personnes que tu as rencontrées ?

Les plus beaux endroits que tu as visités ?

Les plus belles choses que tu as vues ?

As-tu eu des moments difficiles dont tu voudrais me parler ?

Quelles leçons en as-tu tirées ?

Quels sont tes rêves ?

Y-a-t-il quelque chose que tu n'as pas encore fait et que tu voudrais absolument faire dans ta vie ?

....
....
....
....
....
....
....
....
....
....
....
....
....
....
....
....
....
....
....
....
....
....
....
....

Quel souvenir(s) aimerais-tu qu'on garde de toi ?

Quels conseils me donnerais-tu pour réussir ma vie personnelle ?

Et pour ma vie professionnelle ?

Je voulais te dire...

Un peu de place pour ce que tu voudras ajouter…

Ta vie en photos

Printed in Poland
by Amazon Fulfillment
Poland Sp. z o.o., Wrocław
01 December 2023

053003b0-3efb-4110-95bd-357b815bbdb6R01